»Über Rosen
lässt sich dichten.
In die Gurken
muss man beißen.«

Paul Fahlisch (1844–1930)
Lübbenauer Chronist frei nach Goethe

Gurken

Rezepte & mehr

von

Heike Mohr

S. 2: verschiedene Gurken

Trotz gewissenhafter Bearbeitung kann eine Haftung für den Inhalt nicht übernommen werden. Für aktuelle Ergänzungen und Anregungen ist der Verlag jederzeit dankbar. Wir bedanken uns bei allen, die uns unterstützt haben.

Impressum

Gerichtsweg 28, 04103 Leipzig
Tel.: 0341 / 493574-0, Fax: 0341 / 493574-40
www.buchverlag-fuer-die-frau.de

Bildnachweis: S. 128
Gestaltung und Satz: Christiane Dunkel-Koberg, Lübeck
Druck: Druckhaus Gera
Bindearbeiten: Müller Buchbinderei GmbH, Leipzig
Printed in Germany

2. Auflage 2023
ISBN 978-3-89798-632-9

Inhalt

Gurke – die bekannte Unbekannte

Gurken geben dem Sommer Biss. Grün, knackig und erfrischend, so lieben wir sie. Merkwürdig ist, Gurken taugen nichts, wenn sie reif sind. Wir essen sie unreif. Reife Gurken wären ungenießbar. Die Schale wird härter, das frische zarte Aroma geht verloren.

Im Sommer gibt es Gurken tagesfrisch und regional, am besten aus dem eigenen Garten und sonnengereift.

Als Gewächshausvariante sind sie das ganze Jahr über verfügbar, mit einer kleinen Pause sogar aus heimischem Anbau. Überschüssige Wärme aus Industrieanlagen heizt Gewächshäuser so auf, dass sogar schon ab Februar bis in den November hinein frische deutsche Gurken geerntet werden können.

Je nach Verwendungszweck gibt es schlanke Salatgurken, Snackgurken zum Gleich-Wegschnurpsen, dickere Schmorgurken oder kleine Einleger. Mit den richtigen Zutaten kann die Gurke selbst Gourmets glücklich machen, eingelegt in würzige Brühe, konserviert durch milchsaure Gärung, im Schmortopf gekocht oder gegrillt und raffiniert gewürzt.

Die wasserreiche Frucht mit leicht bitterem Hauch ist zudem eine aromatische Zutat in Drinks. Aber nicht nur das kulinarische Talent der Gurke gilt es zu entdecken. Nach dem Motto »Frischer geht's nicht!« wächst die Gurke im Hausgarten oder auf der Terrasse, rankt sich überall nach oben und zeigt ihre gelben Blütenschönheiten. Und wussten Sie, dass Gurkenwasser gut für die Haut ist? Erfrischend, Poren zusammenziehend, Juckreiz lindernd und für alle Hauttypen geeignet.

Eine lustvoll süßsaure Gurkenzeit wünscht Ihnen

Heike Mohr

558. *Cucumis sativus L.*

Gemeine Gurke.

Herkunft & Verwandtschaft

Gurke
Botanisch: *Cucumis sativus*
Englisch: Cucumber
Französisch: Concombre
Polnisch: Ogòrek
Abgeleitet vom griechischen Wort
»ágovros« unreif

Das Wort »Gurke« stammt vom Slawischen ab. Die Slawen waren es auch, die die Gurke durch milchsaure Gärung haltbar machten. Kein Wunder, dass die Spreewald-Region als slawisch-sorbisches Siedlungsgebiet eine lange Gurkentradition hat. Die Geschichte

Illustration von Otto Wilhelm Thomé (1840-1925)

der Gurke beginnt aber früher. Der Mensch hat aus bitteren Wildpflanzen, die sich durch tropische Wälder rankten eine Nutzpflanze gemacht. Sicher ist, dass Gurken in Nordindien schon seit rund 5000 Jahren kultiviert werden. Gurken sind übrigens nicht nur grün. Die Farbpalette reicht von Weiß über Gelb, verschiedenste Grünschattierungen bis hin zu einem leuchtenden Orange und Braun. Manche Gurkensorten sind rund, oval oder birnenförmig.

Leider ist die bunte Sortenvielfalt bei uns verloren gegangen. Schuld daran ist auch die Standardisierung der Feldfrüchte. Für Transport und Handel müssen Gurken möglichst gleichmäßig groß sein und möglichst gerade. Doch im Saatguthandel und

Zitronengurke ‚Lemon', ‚Withe Wonder', Züchtung von 1893, und weitere alte Feldgurken-Sorten

Die Früchte der Kürbisgewächse sind alle Beeren: Wassermelone, Kürbis, Zucchini, Gurke

in Spezialitätengärtnereien werden zunehmend Raritäten und alte Traditionssorten angeboten.

Was steckt in der Gurke?

Die Gurke gehört zur Pflanzenfamilie der Kürbisgewächse (Cucurbitaceae). Sie ist also verwandt mit Melone, Zucchini und Kürbis.

Interessant ist, die Früchte dieser Familie sind Beeren, denn unter der festen Schale sitzen umschlossen vom Fruchtfleisch viele Samenkerne.

Der Hautbestandteil aller Kürbisgewächse ist Wasser, die Gurke hat besonders viel davon. Nur eine »Wasserflasche aus dem Garten« ist sie aber nicht. Gurken enthalten kleine, aber essentielle Mengen an Vitaminen (Provitamin A, B1, C und E) und wichtige Mineralstoffe wie Kalium, Kalzium oder Schwefel. Zudem sind Gurken sehr kalorienarm. Je nach Sorte haben sie nur 7 bis 14 kcal pro 100 g.

Gurken zählen zu den basenreichsten Gemüsesorten und sie wirken harntreibend. Kurzum, sie sind gesund. Allerdings sitzen viele Vitalstoffe direkt unter der Schale. Auf das Schälen sollten Sie also möglichst verzichten, vor allem wenn die Gurke aus dem eigenen Garten kommt.

Was steckt in 100 g Salatgurke?

95 % Wasser
160 mg Kalium
25 mg Calcium
12 mg Magnesium
11 mg Vitamin C

Gesund sind natürlich auch eingelegte Gurken. In traditionellen Berliner Kneipen gibt es oft Fettbemmen mit Salzgurke. Kein Wunder, saure Gurken helfen dabei, die Alkoholfolgen zu mildern, denn Säure fördert den Alkoholabbau, Salz ersetzt verlorene Mineralstoffe und scharfe Gewürze regen die Verdauung an.

Bitte nicht bitter!

Lange galt die Gurke vor allem am Stielansatz als bitter. Das lag an natürlich vorhandenen Bitterstoffen, die die Frucht ursprünglich vor durstigen Wildtieren schützen sollte. Im Laufe der Zeit wurde das Bittere weggezüchtet. Nur selten passiert es, dass Gurken verbittern. Bei Freilandgurken geschieht das manchmal, wenn Wasser fehlt.

Gurkenglück pflanzen

Was für eine Gurkerei!
Die Gurke steht indirekt Pate für einige, nicht so positiv klingende, Verben und Substantive der deutschen Sprache. Rumgurken - ziellos sein, Gurkerei - unsachgemäßes Tun, etwas vergurken - einen Misserfolg haben ... Wahrscheinlich liegt es daran, dass Gurken in der Regel nicht gerade wachsen, sondern eher krumm, also ziellos rumgurken.

Wenn Sie Lust auf schnellen Gärtnererfolg haben, dann sollten Sie nicht rumgurken, sondern rechtzeitig im Frühjahr erste Gurken pflanzen. Und die folgenden **Anbautipps** beachten, damit Sie es nicht vergurken.

Krumme Gurken

Klettern oder kriechen?

Gurken sind einjährige Pflanzen. Unterschieden werden die eher rundlichen Feldgurken, die kleinen Einleger sowie die schlanken Salatgurken.

Feldgurken und Einleger können auf dem Boden entlang wachsen, sie brauchen nicht unbedingt etwas zum Hochranken.

Salatgurken sollten klettern. Gurken hangeln sich überall hoch, das können reißfeste Schnüre im Gewächshaus sein, Holzkonstruktionen, Bohnenrankgitter oder Estrichgitter aus dem Baumarkt. Es gilt: Lieber höher als zu niedrig.

Gurken haben übrigens eine geniale Verankerungsmethode, kleine feste Spiralen, die sich an den Trieben bilden, zurren sich wie von Zauberhand fest.

Am Start müssen Sie den Ranken die Richtung vorgeben und die Triebe per Hand um Schnüre oder Stäbe winden. Das Kappen der Seitentriebe hinter der ersten Blüte sorgt für kräftige Pflanzen und erhöht den Fruchtansatz.

Tipp: Gurken im Kübel können Sie wie Tomaten ausgeizen, also Seitentriebe, die an den Blattachseln entstehen, vorsichtig abknipsen. Die Pflanze wuchert so nicht zu üppig, das spart Platz auf Terrasse und Balkon. Das Gurkenlaub kann zudem besser durch den Wind abtrocknen, das verhindert Mehltau.

Bei starkem Zug dehnt sich die Spirale nicht aus, sondern zieht sich zusammen.

Jungpflanzen – Sämling oder veredelt?

Gurken können Sie als vorgezogene Jungpflanze ab April kaufen oder selbst aussäen. Allerdings besteht dann die Gefahr, dass gefräßige Schnecken die ersten Keimblätter auf dem Beet wegputzen.

Im Angebot sind auch auf robustem Kürbis veredelte Gurkenpflanzen. Unter der Erde wächst die Kürbiswurzel, oberhalb die Gurke. Veredelte Gurken sind weniger kälteempfindlich und besser gegen Stängelfäule geschützt. Sie sind besonders gut für den Anbau im Gewächshaus geeignet.

PALINSKI
FREILANDGURKE
PALINSKI
FREILANDGURKE

Sortentipps

Freiland:

'Vorgebirgstrauben': bekannteste Einlegegurke
'Delikateß': Schälgurke oder Einleger
'Marketmore 76': resistent gegen falschen und echten Mehltau, Salat- und Schälgurke
'Tanja': Salatgurke, dickere leicht stachlige ertragreiche Früchte, bis 35 cm lang
'Sonja': frühe Biogurke

Freiland, Gewächshaus & Kübel:

'Helena': Biosaatgut, rein weiblich blühende Schlangengurke
'Picolino F1' oder 'Iznik': F1-Mini-Snack-Gurke
'Persika': gemischt blühend, ca. 20 cm lange Salatgurke und Vespergurke

Gewächshaus:

'Bella', Saladin' oder 'Arola': bitterfreie, rein weiblich blühende F1-Hybriden

Aussaat

Ab Mitte April können Gurken auf der Fensterbank vorgezogen werden.

Direkt im Freiland ausgesät wird ab Ende April bis in den Juli hinein.

Bitte in kälteren Regionen bis Mitte Mai warten, wenn keine Fröste mehr drohen. Vorsichtshalber schützendes Vlies über die erste Aussaat legen.

Gurken vorziehen

- 14 Tage vor der Pflanzung 9er-Töpfe mit Abzugsloch mit guter Gartenerde füllen
- 1 bis 2 Gurkenkerne 2 cm tief in jeden Topf drücken, dann angießen
- Damit die Keimung startet, sind mindestens 13 °C nötig, ideal sind 25 °C.
- gleichmäßig feucht halten, Staunässe vermeiden
- nicht pikieren, sondern nur den besten Keimling weiterwachsen lassen

Anbauorte, Vorfrüchte & Beetpartner

Die flach wurzelnden Gurken lieben lockeren humosen Boden. Schwere lehmhaltige Böden sind nicht so ideal.

Wichtig: Gurken sollten erst nach 4 Jahren wieder auf der gleichen Stelle wachsen.

Vor den Gurken können Salat, Radieschen oder Puffbohnen ins Beet, sie sind erntereif, wenn die Gurkenaussaat oder Pflanzung ansteht.

Wenn im Vorjahr Hülsenfrüchte, Porree oder Sellerie auf dem Beet wuchsen, ist das ideal. Ungeeignete Vorfrüchte sind alle Kohlgewächse und Mais.

In windigen Gärten fühlen sich Gurken in der Nähe von hohen Stangenbohnen, Sonnenblumen oder Mais wohl. Basilikum und Dill wachsen gerne zwischen Gurken.

Düngen:

Gurken sind Starkzehrer, sie brauchen viele Nährstoffe. Die besten Dünger sind halb verrotteter Pferdemist, Kompost oder organischer Langzeitdünger. Der Boden kann schon Wochen vor der Pflanzung vorbereitet werden. Dafür heben Sie zum Beispiel das Beet bis zu 2 Spatenlängen tief aus, dann füllen Sie die Grube mit einer Mischung aus Kompost, Mist und Stroh, der sogenannten Mistheizung. Darüber den Aushub verteilen. Bei der Verrottung entwickelt sich Wärme, die für den Gurkenanbau so wichtig ist. In der Reifezeit kann organisch nachgedüngt werden.

Gurken im Gewächshaus:

Schlangengurken mit ihrer glatten Haut wurden speziell für den Anbau im Gewächshaus gezüchtet.

Viele moderne Salatgurken-Sorten (Parthenokarpe-F1-Hybriden) bilden übrigens nur weibliche Blüten aus und sind selbstbefruchtend. Sie brauchen also keine Insekten als Bestäuber.

An jeder weiblichen Blüte entwickelt sich eine samenlose Frucht, das erhöht den Ertrag.

Wichtig: Gemischt blühende Sorten *nicht zusammen* mit rein weiblichen Gurken in dasselbe Gewächshaus pflanzen!

Durch Fremdbestäubung werden Samen gebildet und Schlangen-Gurken verlieren ihre Form.

Dürfen Gurken und Tomaten ins selbe Gewächshaus?

Ja und nein. Es kommt auf die Wahl der Sorte (mehltauresistent), die Größe des Gewächshauses und den Pflanzort an. Während Gurken es warm, feucht und absonnig mögen, lieben es Tomaten sonnig und luftig.

Wenn Sie beide im Gewächshaus direkt nebeneinander pflanzen, sind Probleme wie Mehltau an den Gurken und Braunfäule an den Tomaten vorprogrammiert.

Das Gewächshaus sollte also nicht zu klein sein, damit es in zwei »Klimazonen« eingeteilt werden kann. Tomaten dann an den sonnigen belüfteten Eingang setzen und die Gurken im hinteren Gewächshausteil auf die sonnenabgewandte Seite.

Junge Gurke neben Salat im Gewächshaus

Hochbeet & Kübel:

Sie können Gurken auch herunterhängend im Hochbeet und im Kübel mit Rankhilfe anbauen. Dort lassen sie sich besser vor Schneckenfraß schützen. Wichtig ist, gute Gemüseerde zu verwenden und Hornspäne oder andere organische Langzeitdünger dazu zu geben. Gurken benötigen viel Stickstoff.

Sogar im Balkonkasten wachsen Snack-Gurken, weil sie flach wurzeln. Allerdings nicht in der prallen Sonne, dort verbrennen die großen Laubblätter schnell. Und es muss viel gegossen werden.

Freilandgurke im Balkonkasten

Im Frühbeet klappt die Ernte bis Oktober

Pflanzung & Pflege

Bei veredelten Gurkenjungpflanzen muss die Veredlungsstelle immer einen Fingerbreit über der Erde sein, sonst wächst mehr der Kürbis und nicht die Gurke.

Sämlinge können auch tiefer eingesetzt werden, das ist praktisch, wenn die Gurkenkinder zu hochgeschossen sind, was sehr oft passiert.

Pflanzabstände:

30 bis 40 cm zwischen den Pflanzen, zwischen den Reihen 100 cm.

Vor Kälte schützen:

Schützen Sie die Jungpflanzen in kalten Nächten. Schon bei 5 °C »erfrieren« Gurken, sie wirken dann wie verwelkt.

Wenn die Temperatur über 13 °C liegt, kann nichts mehr schiefgehen. Die Gurken wachsen und wachsen. In 6 bis 8 Wochen kann geerntet werden.

Wässern:

Gurken sind Wasserschlürfer. Bis zu 12 Liter zieht jede Pflanze, um 1 kg Früchte zu bilden. Gießen also nicht vergessen, am besten in den Morgenstunden. Eine Schicht Mulch verhindert, dass der Boden zu schnell austrocknet.

Krankheiten:

Am meisten sorgen **Mehltaupilze** für Ärger im Gurkenbeet und zwar **Echter Mehltau**, der bei Hitze und Trockenheit auftritt und **Falscher Mehltau**, der es feucht und kühl mag. Beide Pilzgruppen entziehen den Pflanzen Nährstoffe. Spätestens gegen Ende des Sommers, wenn es nachts wieder kälter wird und sich Tautropfen auf dem Laub bilden, tritt der Falsche Mehltau auf. Der Pilz kann innerhalb weniger Tage die Gurkenpracht hinwegraffen. Die Früchte von befallenen Pflanzen sind essbar, sollten aber gut abgewaschen werden.

Falscher Gurkenmehltau
(Pseudoperonospora cubensis)

Was tun gegen Mehltaupilze?

- Resistente Sorten pflanzen
- Blätter vor Nässe schützen
- Möglichst morgens und von unten gießen
- Pflanzenstärkungsmittel anwenden
- Betroffene Blätter und Blüten sofort entfernen, im Hausmüll entsorgen

Es gibt diverse Spritzmittel und Pflanzenstärkungsmittel gegen Mehltau, aus Niemsamen (auch Neemsamen), Ackerschachtelhalmen oder Effektiven Mikroorganismen (EM).

Im Gewächshaus ist auch die **Fusarium-Stängelfäule** (*Fusarium solani*) oft ein Problem. Die befallenen Pflanzen welken plötzlich und sterben ab. Der Pilz überdauert übrigens 4 Jahre im Boden.

Gurkenblüte

Ernten:

Gute zwei Monate nach der Aussaat können Sie erste Gurken ernten. Die Früchte mit einem Messer abschneiden. Junge kleine Früchte sind aromatischer. Je häufiger Sie pflücken, umso mehr neue Blüten bilden sich. Gurken lassen sich leider nicht lange lagern. Zum Glück können Sie im Garten täglich ernten.

Saatgut gewinnen

In der Gurkenmitte befindet sich die glibberige Samenanlage. Gurken aus Samentüten mit Bezeichnungen wie ‚F1-Hybride', sind oft ‚parthenokarp', also ‚rein weiblich blühend', sie bilden keine Samen aus. Im Gurkeninneren sind nur wenige unterentwickelte Kerne zu finden.

Der in alten Kochbüchern allgegenwärtige Tipp, die Samen zu entfernen, gilt also nicht mehr für die üblichen Supermarkt-Gurken und andere F1-Hybriden.

Wer selbst Samen gewinnen möchte, muss samenfeste Sorten anbauen. Das sind zumeist Traditionssorten oder Sorten aus Bioanbau.

Samenansatz

Samen selbst ernten

- Die Gurke weiter reifen lassen, sie wird dicker, die Schale verfärbt sich gelb bis braun und wird hart.
- Die Gurke zusätzlich 14 Tage im Zimmer nachreifen lassen, dann die Samen herausschaben.
- Samen 2 Tage in einem Glas wässern, dann abspülen und trocknen lassen,

bis zum Frühjahr kühl und dunkel aufbewahren.

Wichtig: Nur solche Gurken für die Saatgutgewinnung nutzen, in deren Nähe keine anderen Kürbisgewächse wachsen, um ungewollte Kreuzungen zu vermeiden. Dadurch können für den Menschen giftige Früchte entstehen.

Allgemein gilt: Essen Sie keine bitteren Gurken!

Keine Samen ernten, wenn wie hier Kürbis, Lemongurke und Zucchini zusammen wachsen!

Gurkengenuss

Gurken sind Multitalente in der Küche. Ihr Geschmack: Knackig frisch mit typisch grünem Aroma und einem leichten Hauch bitter, »gurkig« eben. Damit lässt sich so einiges machen.

Gurken-Gewürze und -Kräuter

Neben Salz, Pfeffer oder Chili gehören Gewürze wie Senfkörner, Anis und Kreuzkümmel zu den Geschmacksverstärkern für Gurken. Durch sie entsteht der würzige salzige Geschmack bei den Einlegern.

Es gibt eine ganze Palette von Kräutern, die hervorragend mit der Gurke harmonieren. Probieren Sie mal Gewürzfenchel oder

Prima Partner: Gurken und Dill

die sanft scharfe Bibernelle. Auch Schnittknoblauch passt zu Gurken.

Klassiker sind Dill und Petersilie sowie alle Arten von Minze.

Borretsch, auch Gurkenkraut genannt, darf in dieser Aufzählung nicht fehlen. Vorzugsweise nehme ich dabei allerdings lieber die hübschen blauen Blüten, als das raublättrige Kraut.

Das leicht Bittere der Gurke können Sie wegwürzen mit Salz und sauren Zutaten, also mit Zitrone und Limette oder allen Varianten von Essig.

Gute Küchenpartner

In der Küche können Sie Gurken für noch mehr Frische wunderbar mit allen Arten von Melonen kombinieren. Das gilt ebenso für Erdbeeren.

Perfekte Gemüsepartner sind Tomaten, Paprika, Zwiebeln, Knoblauch sowie buttrige Avocado.

Gurkenliebhaber sollten auch Joghurt, Schmand und Fetakäse im Kühlschrank haben.

In den wärmeren Regionen unserer Erde ist der kühlende Mix aus Joghurt und Gurke unverzichtbar.

Gurken sind köstliche Beilagen für Meeresfrüchte aber auch für Leberwurst. Unverzichtbar sind sie als Salatbeilage für Schnitzel, egal ob vom Schwein, Kalb oder vegan.

Haben Sie mal ein Rührei mit frischer oder eingelegter Gurke probiert? Einfach herrlich.

Die folgenden Speisen und Getränke sind alle schnell zubereitet, mehr als 40 Minuten brauchen Sie für keines der Rezepte.

Gewürz- oder Salzgurken, eingelegte Gurken in allen Varianten können Sie überall kaufen. Das ist auch gut so, denn Einlegen und Konservieren sind ziemlich zeitaufwändig. Ein Rezept dafür ist trotzdem dabei, falls Sie es ausprobieren möchten.

Gurkenfrische Rezepte

Gurkenaufstriche

Veredelt mit köstlichen Aufstrichen werden Brotschnitten zum Genuss. Diese Gemüseaufstriche sind mit allen Gurkenvarianten schnell zubereitet – mit frischen wie auch mit eingelegten Gurken aus dem Glas.

Gurkenschnitte mit Meerrettichbutter

Für 8 Schnitten:
1–2 TL Gemüse-Meerrettich aus dem Glas
80 g Butter
8 Scheiben Grau- oder Weißbrot
1 Salatgurke, frische Kräuter (Petersilie, Schnittlauch u. a.)

Individuell belegte Gurkenschnitten

Mit einer Gabel Meerrettich und Butter vermischen. Die leicht gerösteten Brotscheiben damit bestreichen und mit dünn geschnittenen Gurkenscheiben belegen, dann mit fein gehackten Kräutern bestreuen.

Frische Gurkenpaste

Für 8 Schnitten:
1 große Salatgurke
Saft von ½ Bio-Zitrone
Zucker, Salz
8 Scheiben Toastbrot
Butter zum Bestreichen
gehackter Dill

Die geschälte Gurke fein reiben, dann in einem Sieb abpressen. Etwas Zitronensaft über den Abrieb träufeln, eine Prise Zucker und Salz dazugeben. Gut mischen. Dann das Brot toasten. Den Gurkenbrei auf die noch warmen gebutterten Toastscheiben streichen und mit Dill bestreuen.

Gewürzgurkenpaste

Für 8 Schnitten:
4 große Gewürzgurken
3 EL Sonnenblumenkerne
150 g Schmand oder Frischkäse
1 EL Sonnenblumenöl
Salz, etwas Zucker
1 TL Weinessigbalsam
1 TL Flohsamen oder 1 TL Johannisbrotkernmehl zum Andicken
optional: Räucherschinkenwürfelchen

Zwei der Gewürzgurken in dickere Stücke schneiden, die anderen fein würfeln. Zuerst die Sonnenblumenkerne und die dicken Gurkenstücke in den Mixer geben und zerkleinern. Schmand, Öl, Salz, Zucker und den Essig ergänzen, mit Flohsamen oder Johannisbrotkernmehl andicken. Die feineren Gurkenstücke dazugeben, gut mischen. Noch pikanter wird der Aufstrich mit einigen Räucherschinkenwürfeln als Topping auf dem Brot.

Tipp: Dieser würzige Aufstrich mit Gurken aus dem Glas ist eine schnelle Variante, wenn Sie mal keine frischen Gurken im Haus haben. In saubere Schraubgläser gefüllt hält er sich einige Tage im Kühlschrank.

Fingerfood mit Gurke

Der Klassiker auf die Hand ist das englische Gurkensandwich. Es kommt zwar etwas blass daher, passt so aber wirklich gut zur Tea Time. Farbenfrohere Fingerfood-Varianten gibt es natürlich auch, sie sind etwas aufwändiger, aber sehr lecker.

Englisches Gurkensandwich

Die Queen soll es täglich zum Tee genießen. Etwas Minze, versteckt zwischen den Gurkenscheiben, soll ihr Geschmacksgeheimnis sein. Probieren Sie es aus.

Für 8 Sandwiches:

½ Salatgurke, Salz, Pfeffer
8 nicht zu dicke Scheiben würziges Kasten-Weißbrot
60 g ungesalzene Butter

Die Gurke in dünne Scheiben schneiden, in ein Sieb geben und salzen. 15 Minuten stehen lassen, dann die Gurken mit Küchenpapier trockentupfen. 4 Brotscheiben mit Butter bestreichen, darauf die Gurkenscheiben schichten und pfeffern, dann mit je einer weiteren Brotscheibe bedecken. Nun fest zusammendrücken und die Rinde rundherum abschneiden. Die Sandwiches diagonal in zwei dreieckige Hälften teilen.

Tipp: Ganz royal werden die Sandwiches mit etwas frischer, gehackter Minze auf den Gurkenscheiben, bevor man die Brotscheiben aufeinander legt.

Gefüllte Toastbrottasche

Ein libyscher Bekannter überraschte mich mit diesem ungewöhnlichen Sandwich: Die wie ein Schnitzel panierte Toastbrotscheibe lässt sich lecker füllen.

Für 4 Taschen:
60 g Schmand
Salz, Pfeffer, 4 EL Sonnenblumenöl
etwas Meerrettich
1 EL Tomatenmark
4 Scheiben Bacon
1 Avocado, 2 rote Paprika
4 Gewürzgurken
4 XXL Toastbrotscheiben
6 EL Bratöl
2 Eier, feines Semmelmehl
Schnittlauchröllchen, gehackter Dill

30 g Schmand mit Salz, Pfeffer, etwas Sonnenblumenöl und Meerrettich zu einer Paste mischen. Restlichen Schmand mit Salz, Pfeffer, etwas Öl und Tomatenmark mischen. Den Frühstücksschinken in der Pfanne knusprig rösten. Avocado schälen und in dünne Scheiben schneiden. Die Avocadoscheiben würzen und mit etwas Sonnenblumenöl beträufeln. Die entkernte Paprika vierteln und im restlichen Sonnenblumenöl braten, die Haut sollte dabei braun werden. Gewürzgurken in feine Scheiben schneiden.

Den Rand der Toastscheiben so abschneiden, dass sie rund sind, dann mit der Teigrolle kräftig plattdrücken. Das Bratöl in einem Tiegel erwärmen. Die Toastscheiben beidseitig kurz in den geschlagenen und gewürzten Eiern wenden, dann beidseitig mit Semmelmehl bestreuen und sofort

in das heiße Öl legen. Schnell umdrehen. Wenn sich das Brot aufbläht, aus dem Öl heben und auf einem Küchentuch abtropfen lassen. Die aufgeblähte Toastscheibe an einer Seite aufschneiden. Sie lässt sich nun füllen. Auf die Innenseiten zuerst die Pasten aufstreichen, dann Bacon, Paprika, Avocado und Gewürzgurken in die Öffnung legen und zum Schluss die Kräuter darüber streuen.

Knuspergürkchen-Spieße

Kleine Gewürzgurken, die Cornichons, sind immer perfekt als Bierhappen und überraschend gut im knusprigen Panademantel.

1 Glas Cornichons
60 g Mehl, 2 Eier
Salz, Pfeffer
100 g feine Semmelbrösel
150 ml Bratöl

Die abgegossenen und trocken getupften Gurken zuerst im Mehl wälzen, dann in den geschlagenen, mit Pfeffer und Salz gewürzten Eiern und zuletzt in den Semmelbröseln. Dann in reichlich Öl knusprig backen. Je drei Knuspergürkchen auf einen Holzspieß stecken (Foto siehe Senfgurkensuppe S. 91).

Gurken in der Rolle

Ein Fingerfood inspiriert von der asiatischen Küche. Wer einmal den Dreh raus hat, wird die Rollen schnell ins eigene Küchenrepertoire integrieren. Sie werden beim Essen in die würzige Soße gedippt.

Für 4 Rollen:

1 mittelgroße Feldgurke (sie sind aromatischer)
16 TK-Gambas oder als vegane Variante
1 Pck. Räuchertofu
Pfeffer, Salz, Minze, Dill, Koriander
2 EL gesalzene, geröstete Erdnüsse
1 kleine, geschälte Möhre
1 Salatherz, 2 Frühlingszwiebeln
4 Reisblätter
50 g Reisnudeln
schwarzer Sesam

Für die Soße:
Saft von 1 Limette, 2 EL Sesamöl
2 EL Agavensirup oder Zucker
1 rote Peperoni, 2 Knoblauchzehen
Pfeffer, Salz

Zuerst die Gurke halbieren. Eine Hälfte vierteln, den Samenansatz herausschneiden, nochmals teilen. Die andere Hälfte in dünne Scheiben schneiden.

Die Gurkenstreifen zusammen mit den Gambas 5 Minuten in der Pfanne rösten, dann umdrehen, dabei einen Deckel auf die Pfanne setzen. Alles pfeffern und salzen.

Die Kräuter und Erdnüsse hacken. Die Möhre längs vierteln und nochmals teilen. Die Salatblätter abtrennen, waschen, trockentupfen und in Streifen schneiden. Die Frühlingszwiebeln ebenfalls in dünne Streifen schneiden.

Die Reisblätter zwischen feuchte Geschirrtücher legen, so werden sie weich. Reisnudeln einweichen und gut abtropfen lassen. Jetzt kann gerollt werden: Die Reisblätter vorsichtig auf einen Teller heben und belegen, in die Mitte Reisnudeln, rechts und links die Gurkenscheiben platzieren, alle anderen Zutaten aufschichten und aufrollen. Einfach mit feuchten Händen an den Seiten hochbiegen und so verschließen. Vor dem Servieren mit schwarzem Sesam bestreuen. Die Soße dazu reichen.

Für die Soße Limettensaft mit Sesamöl und Agavensirup verrühren. Mit der entkernten, fein gewürfelten Peperoni und Knoblauch mischen. Mit Pfeffer und Salz abschmecken.

Salatfreuden

Es gibt unzählige Varianten von Gurkensalaten und sie sind schnell zubereitet. Die wichtigste Zutat ist die Salatgurke, mit oder ohne Schale. Hier sind meine Favoriten.

Wiener Gurkensalat

(Als Beilage für 4 Personen)

1 ½ Salatgurken, Salz
2 EL Apfelessig, 4 EL neutrales Pflanzenöl
½ gepresste Knoblauchknolle
Pfeffer aus der Mühle

Die feinen Gurkenscheiben mit Salz vermengt 20 Minuten ziehen lassen. Die Flüssigkeit abseihen und die Gurken mit den übrigen Zutaten mischen. Unverzichtbare Beilage zu Wiener Schnitzeln.

Schwedischer Gurkensalat

(Als Beilage für 4 Personen)

1½ Salatgurke
1 weiße Zwiebel
4 EL Schnittlauchröllchen

Für das Dressing:
3 EL Olivenöl
3 EL Zitronensaft
1 TL mittelscharfer Senf
Salz, Pfeffer, etwas Zucker

Die Dressingzutaten gut vermischen und über die dünnen Gurkenscheiben gießen. Dann die fein geschnittenen Zwiebeln und den Schnittlauch dazugeben.

Schopska-Salat

Bulgarien auf dem Teller. Dieser Salat ist herrlich erfrischend, also ein guter Sommersalat.

Für 4 Portionen:
2 Paprikaschoten
5 Fleischtomaten
1 Salatgurke, 1 große rote Zwiebel
3 EL Olivenöl
2 EL Weißweinessig
Pfeffer aus der Mühle
Salz, 150–200 g fettreicher Fetakäse
optional: schwarze Oliven ohne Stein, Petersilie und Dill

Paprika, Tomaten, Zwiebel und Salatgurke putzen und in grobe Würfel teilen. Gemüsewürfel in einer Schüssel mischen und mit Öl, Essig, Pfeffer und Salz abschmecken. Den

zerkrümelten Fetakäse und die gehackten Kräuter behutsam untermischen. Das Aroma entfaltet sich, wenn der Salat vor dem Verzehr an einem kühlen Ort zugedeckt ziehen darf.

Tipp: In Bulgarien werden auch gern geröstete Paprikaschoten und Oliven ergänzt.

Der Schopska-Salat wurde ursprünglich von bulgarischen Köchen kreiert, um die Farben der weiß, grün und roten Nationalflagge nachzubilden.

Zitronengurken-Carpaccio

In den USA sind die gelbschaligen runden Zitronengurken populär, bei uns gibt es das Saatgut zu kaufen. Sie können sie in schöne runde, dünne Scheiben schneiden, ideal für ein Carpaccio (siehe Foto S. 74).

Für 4 Portionen:
4 Zitronengurken, Salz
40 g getrocknete, in Öl eingelegte Tomaten
1 EL Pinienkerne, 3 EL Olivenöl
2 EL Parmesankäse
Pfeffer aus der Mühle
etwas Zucker

Die Zitronengurken in dünne Scheiben schneiden und salzen, etwas ziehen lassen und dann abtupfen. Tomaten mit Pinienkernen, Öl und Parmesankäseraspel, etwas Pfeffer und Zucker im Mixer zu einem Pesto vermischen. Mit zwei Löffeln eine Nocke pro Teller formen und auf den Gurkenscheiben anrichten. Dazu passt Rucola.

Kalte Sommersuppen

An heißen Sommertagen kühlen diese Suppen von innen. Reichlich Knoblauch darf nicht fehlen. Knoblauch wird übrigens am besten mit einem großen Messer plattgedrückt, das geht noch besser, wenn Sie etwas Salz auf den Knoblauch streuen.

Tarator

Das ist die bulgarische Gurkensuppen-Variante. Mein Tipp: Vor dem Genuss die Suppe mit einigen Eiswürfeln abkühlen.

Für 4 Portionen:

2 Salatgurken, Salz
3 Knoblauchzehen
2 Handvoll Walnüsse
500 g fettreicher griechischer Joghurt

3 EL Olivenöl
2 EL Saft und Abrieb von 1 Limette
1 Prise Zucker, Pfeffer
1 Bund Dill, frische Minzblätter

Die Gurken mit einer Reibe in feine Streifen raspeln oder ganz fein würfeln, mit Salz bestreuen und im Kühlschrank ziehen lassen. Knoblauch schälen und zerdrücken. Eine Handvoll gehackte Walnüsse mit Joghurt, Öl, Limettensaft und Zucker in den Mixer geben und pürieren. Mit etwas kaltem Wasser verdünnen. Die Gurken untermischen und die Suppe mit Pfeffer und Salz würzen. Den größten Teil des fein geschnittenen Dills untermischen. Die Suppenteller mit dem restlichen Dill, gehackten Nüssen, dem Limettenabrieb und Minzblättern garnieren (im Foto S. 78).

Gazpacho

Für die in Andalusien typische kalte Gemüsesuppe sind neben einem Mixer nur wenige Zutaten nötig. Das Aroma entfaltet sich am besten im Kühlschrank. Die Suppe dort vor dem Genuss 1 bis 2 Stunden ziehen lassen.

Für 4 Portionen:
250 g altbackenes Weißbrot
4 reife Tomaten, ½ Salatgurke
1 rote Paprika, 2–3 Knoblauchzehen
2 EL gutes Olivenöl, 1 EL Weißweinessig
Salz, Pfeffer, etwas Zucker
2–3 EL Gurken- und Paprikawürfel
Kräuter (Petersilie, Schnittknoblauch, Fenchel, Pimpernelle)

Tarator (vorne), Gazpacho (hinten)

Zuerst das Weißbrot in Wasser einweichen. Die Tomatenhaut direkt neben dem Blütenansatz einritzen und die Tomaten mit dem Schaumlöffel kurz in kochendes Wasser setzen. Nach dem Abkühlen lassen sie sich leicht abpellen.

Gurke grob schneiden und zusammen mit den gehäuteten Tomaten, Paprikawürfeln, Brot, Knoblauch, Öl und Essig im Mixer pürieren, abschmecken, würzen und dann kaltstellen.

Vor dem Servieren die feinen Gemüsewürfel mit einigen Tropfen Öl und den frischen, fein geschnittenen Kräutern vermengt aufstreuen.

Gurken - heiß & köstlich

Das bekannteste warme Gurkengericht sind Schmorgurken. Sie werden geschält, entkernt und dann mit reichlich Butter, Speck, Essig und Gewürzen in Fleischbrühe geschmort und mit Mehl und Milch sämig gemacht.

Ein Grillgemüse scheint die Gurke auf den ersten Blick nicht zu sein. Doch lassen Sie sich überraschen: Geröstet auf dem Grill bleiben Gurken knackig. Man kann sie zudem wunderbar füllen. Probieren Sie mal grüne Gurken 4 cm dick geschnitten, dann ausgehöhlt und gefüllt mit gut gewürztem Gehackten. Für Vegetarier empfehle ich die raffiniert gefüllten Gurkenschiffchen.

Gegrillte Gurkenschiffchen mit Avocado-Gurkenpesto

Für 4 Schiffchen:
1 gelbe oder orange Paprika
4 kleine Snackgurken
Teriyaki-Sauce oder andere ölige Grillsoße
4 in Öl eingelegte getrocknete Tomaten
4 große Kapernäpfel oder 8 grüne Oliven
Pfeffer, Salz, Saft von ½ Bio-Zitrone
30 g fester Ziegenkäse, Weinessigbalsam
Schnittlauchröllchen, gehackter Dill

Für das Pesto:
2 EL Erdnüsse (geröstet und gesalzen)
½ reife Avocado
Pfeffer, ausgeschabte Samenanlagen
der Gurken, Dill, Schnittlauch
einige Spritzer Agavensirup

Die Paprika entkernen und in Streifen schneiden und für noch mehr Geschmack kurz auf den Grill legen. Dann in feine Würfel schneiden.

Die Gurken halbieren, mit einem Löffel die Samenanlage entfernen und für das Pesto verwenden. Gurkensamen und alle übrigen Pesto-Zutaten im Mixer pürieren und in eine Schüssel abfüllen.

Die Gurkenhälften mit Teriyaki-Sauce einpinseln. Die Paprikawürfel mit den klein geschnittenen getrockneten Tomaten und Kapernäpfeln mischen. Pfeffern, etwas salzen und ein paar Spritzer Zitronensaft dazugeben.

Die Gemüsemischung in die Gurkenhälften füllen. Darüber gewürfelten Ziegenkäse streuen.

Die Schiffchen ca. 10 Minuten grillen, am besten indirekt, also mit Deckel über dem

Rost oder im Backofen. Danach mit etwas Balsamessig beträufeln, mit den fein geschnittenen Kräutern bestreuen und auf dem Pesto anrichten.

Tipp: Wer es vegan mag, lässt den Ziegenkäse weg oder probiert dazu etwas Räuchertofu.

Die Schiffchen sind eine feine Beilage zu einer mit Teriyakiöl eingepinselten gegrillten Hühnerbrust, die Sie gemeinsam mit den Gurkenschiffen und einigen gekochten und halbierten Kartoffeln auf dem Grill rösten können.

Schnelle Grillgurken

Eine Beilage, die hervorragend zu Pellkartoffeln mit Butter und Leberwurst passt.

Für 4 Portionen:
2 Schmorgurken, 2 EL Olivenöl, Salz
Gewürzmischung für Einlegegurken (je nach Hersteller zum Beispiel mit Dill, Chili, Piment, Senfkörnern, Wacholder, Nelken, Lorbeer) in einer Gewürzmühle gemahlen
1 gehackte Knoblauchzehe

Die geschälten Gurken in dicke Scheiben schneiden, in eine feuerfeste Form geben mit Olivenöl besteichen. Mit Salz, Gurkengewürz und Knoblauch würzen. Dann im auf 180 °C vorgeheizten Backofen ca. 20 Minuten grillen. Nach 10 Minuten kurz herausnehmen, die Gurkenscheiben wenden und zu Ende grillen.

Bunte Pinsa mit Gewürzgurken

Eine Pinsa ist ein super lockerer Teigfladen aus Italien, den es vorgebacken zu kaufen gibt. Legen Sie einfach eine bunte Gemüse-Gewürzgurken-Mischung darauf und als Krönung Ziegenkäse oder Harzer Roller.

Für 4 Portionen:

2 EL Butterschmalz
¼ orangefleischiger Hokkaido-Kürbis
2 Handvoll Sauerkraut, Zucker
4 vorgebackene Pinsa-Fladen
100 g Schmand
Salz, Pfeffer
2 kleine vorgekochte Rote Beete
8 Gewürzgurken, 4 kleine entkernte Äpfel
2 Harzer Rollen oder Ziegenkäserollen

In einer Pfanne Butterschmalz erhitzen. Kürbis und Sauerkraut darin anbraten, mit etwas Zucker bestreuen und karamellisieren. Die Fladen mit Schmand bestreichen, leicht salzen und eine dünne Lage Sauerkraut darüberlegen. Rote Beete, Gurken, und Äpfel in dünne, den Käse in 1 cm dicke Scheiben schneiden. Gemüse und Äpfel mit den anderen Zutaten bunt durcheinander auf die Fladen schichten. Pfeffern und salzen, zuletzt die Käsescheiben darauf verteilen. Laut Packungsangabe die Pinsa im Ofen fertig backen.

Dazu passt Leberwurst, die nach dem Backen über jede Pinsa verteilt wird.

Vegane Senfgurkensuppe

Für diese Suppe brauchen Sie ein Glas Senfgurken und einen Pürierstab. Damit geht alles ganz schnell.

Für 4 Portionen:

1 Glas Senfgurken, 1 Zwiebel
2 EL Sonnenblumenöl
etwas Zucker
1 große Knoblauchzehe
2 Packungen (400 g) Mandel-Cuisine oder andere vegane Kochsahne
½ l Gemüsebrühe
Salz, Pfeffer aus der Mühle
4 EL gemischte Kräuter (Petersilie, Dill, Schnittlauch)

Senfgurken abtropfen lassen, dabei 1 Tasse Gurkenbrühe auffangen. Die Zwiebel im Öl anbraten, in der Pfanne mit Zucker karamel-

lisieren, dann den zerdrückten Knoblauch und die grob geschnittenen Senfgurken dazugeben. Alles mit dem Pürierstab zerkleinern, dann die Gemüsebrühe und die Mandel-Cuisine dazugeben, eventuell mit der Gurkenbrühe verdünnen, mit Salz und Pfeffer abschmecken. Zum Schluss gehackte Kräuter untermischen.

Als Einlage passen gut die Knuspergürkchen (Rezept S. 63), aber auch pochierte Wachteleier, gebratene Lachsstückchen oder Garnelen.

Senfgurkensuppe
mit Knuspergürkchenspieß (links im Bild)

Eingelegtes

Durch Milchsäuregärung können Gurken nicht nur wunderbar konserviert werden. Sie bleiben schön knackig, werden bekömmlicher und schmecken angenehm säuerlich mit feiner Umami-Note. Man kann sie auch mit Essigsud als Gewürzgurken einkochen oder als süßsaure Senfgurken konservieren. Besonders beliebt sind die »Spreewälder Gurken«. Eingelegte Gurken in allerlei Varianten sind im Handel überall erhältlich oder Sie versuchen es mal selbst. Schüttelgurken sind die Ruck-Zuck-Variante.

Ingrids Schüttelgurken

Ein Familienrezept aus Erfurt

1 kg Salatgurken
1 in Scheiben geschnittene Zwiebel
2 EL Salz
5 EL Zucker
5 EL Essig
20 Pfefferkörner
2 TL Senfkörner
2 TL gehackter, frischer Dill
1 Gefäß mit Deckel

Die Salatgurken schälen, in mundgerechte Stücke schneiden und in das Gefäß füllen. Dann alle anderen Zutaten einfüllen. Den Deckel schließen und alles gut durchschütteln. 12 Stunden im Kühlschrank durchziehen lassen, wenn möglich, während dieser Zeit mehrmals schütteln.

Spreewälder saure Gurken

Milchsaures Gemüse ist sehr gesund, es füttert die Darmflora. Traditionell reift es im Holzfass, alternativ im Gärtopf. Dieses Rezept ist eines der vielen Traditionsrezepte aus dem Spreewald.

Für einen 5-Liter-Gärtopf:
3 kg Einleger (5–6 cm groß)
Dill, Estragon, Senfkörner oder
Einlegewürzmischung aus dem Glas
30 g Salz je 1 Liter Aufgusswasser
Wein- oder Sauerkirschblätter

Überbrühen Sie alle Geräte und Töpfe, vor der Zubereitung mit kochendem Wasser und spülen Sie den Gärtopf, die Beschwerungssteine und den Deckel ebenfalls mit kochendem Wasser aus.
Die Gurken mit einer Bürste reinigen und

mit einer Nadel mehrfach durchstechen. Den Gärtopf mit Wein- oder Kirschblättern auslegen. Die Gurken und Gewürze schichtweise in den Gärtopf legen und festdrücken. Nur zu ¾ füllen, dann mit Wein- oder Sauerkirschblättern bedecken. 30 g Salz in je 1 Liter Wasser kochen und die Gurken übergießen. Sie müssen vollständig mit Wasser bedeckt sein. Die Beschwerungssteine auflegen und den Deckel schließen. Die Wasserrinne mit kochendem Wasser auffüllen. Den Gärtopf bei Zimmertemperatur 14 Tage ruhen lassen. Die fertigen Salzgurken nur mit einer sauberen Zange entnehmen. Den Gärtopf an einem kühlen Ort lagern. Füllen Sie die Wasserrinne gelegentlich mit kochendem Wasser auf, um den Gärtopf luftdicht zu halten.

Gurken naschen

Gurken als Dessert? Warum nicht, sie passen sogar zu Eis.

Schokoeis mit Gazpacho-Haube

Hier trifft cremiges Eis auf frisches Gemüse, gewürzt mit einem Spritzer chilischarfen Tabasco. Ein Dessertmix mit Biss, der nach dem ersten Löffel auch Skeptiker überzeugen wird.

Für 4 Portionen:

Zesten und Saft von ½ Bio-Limette
¼ gelbe Paprika, 4 Scheiben Salatgurke
½ Tomate, Salz, ½ TL gutes Olivenöl
8 Kugeln Schokoladeneis
einige Spritzer Tabasco

Von der Limette Zesten abziehen und aufheben. Dann Paprika, Gurke und Tomate fein würfeln. Die Gemüsezutaten mit einigen Spritzern Limettensaft, ganz wenig Salz und Öl marinieren. Dann je 2 TL des Gazpachomixes auf zwei Kugeln Eis setzen, mit einigen Spritzern Tabasco würzen und einige Limetten-Zesten darüber legen.

Obstsalat mit Gurke

Knackig und fruchtig frisch ist dieser Salat mit einem Nussmix on top.

Für 4 Portionen:

1 Salatgurke
1 Sharonfrucht (alternativ ¼ Cantaloupe-Melone)
2–3 dicke Scheiben Wassermelone

Saft von 1 Limette
geröstetes Erdnussöl
2 EL Rohrzucker
Minzeblätter

Für die Granola:
150 g Nüsse und Saaten (Sesam, Kürbiskerne, Haferflocken)
1 TL Kokosnussöl
1 EL Agavensirup

Zuerst die Granola zubereiten. Dafür die Nüsse hacken. Dann das Kokosöl in der Pfanne schmelzen, die Nüsse und Saaten darin rösten und, wenn sie braun werden, den Agavensirup ergänzen. Kurz durchrühren, mit dem Schaumlöffel herausheben und auf einem Teller im Kühlschrank abkühlen lassen. Die Gurken und Früchte in

kleine Würfel schneiden und mit Erdnussöl, Limettensaft und Rohrzucker marinieren. Vor dem Servieren, die knusprige Granolamasse brechen und zusammen mit einigen Minzeblättern auf den süßen Salat geben.

Gurkennascherei für Kinder

Diese lustigen Schnitzereien sind der Renner bei Kindergeburtstagen, denn man kann sie vernaschen. Gurkenlollis mit Möhrenmitte sind mit einem spitzen Messer oder rundem Gemüseausstecher und einigen Holzstäbchen schnell gemacht. Das Rennauto fährt ein Radieschenpilot.

Kunstvolleres Gurkenschnitzen können Sie bei einem Gemüseschnitzkurs lernen. Die Gewürzgurken-Hummer auf Blüten-

turm mit Schmetterling hat Arthur Felger, der europäische Vizemeister im Gemüseschnitzen, extra für dieses Buch geschnitzt.

Erfrischende Gurken-Drinks

Die Gurke ist nicht nur wasserreich, sie kann es mit ihrem leicht bitteren gemüsigen Aroma auch verfeinern.

Gurken-Zitrus-Drink

Für 4 Gläser à 150 ml:
Schale und Saft von 1 Bio-Zitrone
Saft von 1 Limette, Saft von 2 Orangen
4 Scheiben Ingwer oder Ingwersirup
1 große Salatgurke
6 EL Agavensirup, Eiswürfel

Von der Zitrone die Schale abreiben, dann wie Orangen und Limette auspressen und die Säfte aufheben. Vom frischen Ingwer vier kleine Scheiben abschneiden, er muss nicht geschält werden. Die Gurke in Stücke schneiden und zusammen mit Ingwer und Zitronenschale in den Entsafter geben oder fein pürieren. Dann durch ein feines Sieb abtropfen lassen, mit dem Löffel nachdrücken. Den Agavensirup ergänzen und umrühren. Die Zitrussäfte und 200 ml kaltes Wasser dazugeben. Die Gläser nur zu ¾ füllen, damit noch genügend Platz für ein paar Eiswürfel bleibt.

Schnelle Gurkendrinks

Für ein schnelles Erfrischungsgetränk einen guten Gurkensirup mit Sprudelwasser mischen oder eine Salatgurke kaufen und die folgenden Vorschläge ausprobieren.

Für ca. 4 Gläser à 150 ml

Variante 1

Stilles Wasser mit einigen grünen Gurkenwürfeln aromatisieren. 2 Scheiben frische Zitrone pro ½ l Wasser dazugeben. Ein erfrischendes Getränk an heißen Sommertagen.

Variante 2

Einige dünne Streifen Bio-Gurkenschale in ½ l Trinkwasser geben, 2 Zweige frische Minze zufügen und einen Hauch Salz. Ca. 10 Minuten ziehen lassen und mit Eiswürfeln servieren.

Variante 3

Eine geschälte grüne Gurke mit ½ gut gebürsteten Bio-Limette samt Schale und reichlich Zucker pürieren. Ein Glas zu ⅓ mit dem Püree füllen, alles mit gut gekühltem Wasser und Eiswürfeln auffüllen.

Grüne Smoothies

Für gesunde Smoothies, die unsere Abwehrkräfte stärken, ist die wasserreiche Gurke unverzichtbar.

Für ca. 4 Gläser à 100 ml

Variante 1

½ grüne Gurke, 2 Blätter Grünkohl
Algenpulver, Saft von ½ Orange
1 Handvoll Blaubeeren

Variante 2

½ grüne Gurke, 10 Weintrauben
Saft von ½ Limette, 1 Apfel, ½ Avocado
2 Stängel Petersilie und 5 Minzeblätter

Gurkenwürfel mit den übrigen Zutaten im Mixer pürieren und in Gläser abfüllen.

(Gin)Tonic mit Gurke & Rosen

Gurken harmonieren prima mit Rosenaroma. Duftendes Rosenwasser gibt es in Bioqualität. Ein Drink, der mit oder ohne Gin funktioniert.

Für 1 Glas à 200 ml
4 cl Gin, 2 Tropfen Rosenwasser
3 frische Gurkenscheiben oder
2 cl Gurkensirup, Tonic, Eiswürfel

Gin mit Rosenwasser verrühren, Gurkenscheiben oder Sirup dazugeben und mit Tonic und Eiswürfeln auffüllen. Für die alkoholfreie Variante auf den Gin verzichten.

Schnelle Gurkenkosmetik

Gurken-Tonic fürs Gesicht

Sie fühlen sich schlaff, zerknautscht und müde? Dann ran an die Gurke. Dank Vitaminen, Schleimstoffen und Schwefel in Fruchtfleisch und Schale wirkt sie hautstraffend.

Einfach eine Salatgurke fein reiben und über dem Sieb abtropfen lassen, auftragen und die wohltuende Wirkung spüren. Dazu eine Gurkenschnitte essen (S. 53).

Gurken-Quark-Gesichtsmaske

Dafür ⅓ Salatgurke fein reiben und mit 1 bis 2 EL möglichst trockenem Quark vermischen. Die Masse auf dem Gesicht verteilen und 20 Minuten einwirken lassen. Dann mit lauwarmem Wasser abwaschen.

Die Maske hilft auch Männern mit müder Gesichtshaut.

Bei müden Augen und Sonnenbrand

Eine frische Gurke in Scheiben schneiden. Die Scheiben 15 Minuten auf die Augen legen und entspannen.

Eine wahre Wohltat nach langen Nächten oder vielen Stunden Homeoffice. Die kühlen Gurkenscheiben sind auch gut als Erste Hilfe bei Sonnenbrand.

Auf Gurkenpfaden

Gemäß dem alten Spreewälder Werbeslogan »Nicht lange rumgurken, sondern reinbeißen«, können Sie die Gurke, das Markenzeichen des Spreewaldes, auch touristisch entdecken. Ab Berlin kommen Sie schnell mit dem Zug in den Spreewald.

Dort können Sie den ca. 260 km langen Gurkenradweg abradeln, in der Gurkenzeit, also von Juni bis September, in Boblitz eine Konservenfabrik mit langer Tradition besichtigen oder die idyllischen Wasserwege per Kahn inklusive Gurkenverkostung erkunden.

In der Erntezeit rattern überall »Gurkenflieger« über die Felder. Auf 550 Hektar werden Einleger angebaut, liegend abgeerntet und gleich um die Ecke verarbeitet, das macht sie besonders knackig und bissfest. Nur Gurken, die im Wirtschaftsraum Spreewald

»Gurkenflieger« beim Ernteeinsatz

wachsen und verarbeitet werden, dürfen die Bezeichnung » Spreewälder Gurken« tragen.

Beim Spreewälder Gurkentag, immer am zweiten Augustwochenende in Golßen, wird das neue Spreewälder Gurkenkönigspaar gekürt und natürlich wird ein frisches Fass »Spreewälder Gurken« geöffnet. In Lehde können Sie ein Gurkenmuseum besuchen.

Weitere Tipps unter: www.spreewald.de / www.spreewaldverein.de

Rezeptverzeichnis

Bezugsquellen

- Besichtigung Verarbeitungsbetrieb:
  www.spreewaldrabe.de
- Erfrischende Limonade aus Gurkensaft in Demeter Qualität mit einem Spritzer Zitronensaft. Voelkel Bio Zisch Gurke 330ml Limonade:
  im Bioladen
- Gärtöpfe / Einlegetöpfe
  www.keramikscheune-onlineshop.de
  www.ms-steinzeug.com
- Gurkengewürze im Schraubglas:
  www.gewürzpeter.de
- Gurkensirup ohne künstliche Zusatzstoffe:
  www.auleber-obstmanufaktur.de
- Kosmetik wie Bodylotion oder Duschbad mit Spreewälder Gurkenextrakten:
  https://www.spreewaldtherme-shop.de
- Magoli Gurkenlikör in der Gurkenflasche:
  www.spreewaldpräsente.de

- **Saatgut für Gurken-Raritäten**
  www.nutzpflanzenvielfalt.de/saatgutliste
  https://vern.de/katalog/
  https://deaflora.de/Shop/Gurken
  www.prospecierara.ch
  www.arche-noah.at
- **»Spreewälder Gurken«** ist eine geschützte Herkunftsbezeichnung. Echte Spreewälder-Gurkenspezialitäten, gewachsen und verarbeitet in der Region, bieten die Firmen Rabe, Krügermanns, Markus oder Starick's Königsgurken:
  www.gurken-kaufen.de
- **Thüringer Bio-Rosenwasser und Rosenblüten:**
  www.rosenhof-holzhausen.de

- **Effektive Mikroorganismen** – Pflanzenstärkungsmittel gegen Mehltau: EM 500, sEM Pflanzenschutz Mehltau
  https://em-ug.de/

- Gurken- & Gemüseschnitzen lernen beim europäischen Vizemeister Arthur Felger aus Weißwasser
  www.gemüse-schnitzen.com

Die Weihnachtsgurke ist mundgeblasener Christbaumschmuck aus Thüringen. Vor der Bescherung wird die Gurke im Weihnachtsbaum versteckt. Das Kind, das zuerst die Gurke entdeckt, darf als erstes seine Geschenke öffnen.

www.farbglashuette-lauscha.de

Literaturquellen

Botanisches Museum Berlin-Dahlem,
Freie Universität Berlin, H. Walter Lack (Hrsg.):
Süßes oder Saures, Kürbis, Melone, Gurke und Verwandte, 2007

Andrea Heistinger, Arche Noah e. V. u. a.:
Das große Biogartenbuch, 2013

Christa Lehmann-Enders:
Nicht rumgurken, sondern reinbeißen!
Das echte Spreewälder Gurkenbuch, 1998

Thomas Vilgis, Thomas Vierich:
Aroma Gemüse: Neue Aromen & kulinarische Sensationen entdecken, 2021

https://www.umweltbundesamt.de/mehltaupilze-im-garten-haeufig-anzutreffen-haeufig#Mehltaupilze-Gewusst_wie
https://www.avogel.ch/de/ihre-ernaehrung/themenuebersicht/gurke.php

Bildnachweis

Titelfoto: Colourbox.de
Innenfotos: Heike Mohr außer *Seite 10:* Illustration von Otto Wilhelm Thomé aus »Flora von Deutschland, Österreich und der Schweiz«, 1938; *Seite 43:* ISP Quedlinburg (International Seeds Processing GmbH); *Seite 58:* Colourbox.de; *Seite 94, 121:* Spreewaldverein e. V.; *Seite 108:* Arthur Felgner; *Seite 118:* Adrian Motroc, Unsplash.com